HYGIÈNE MILITAIRE

ou

TRAITÉ

SUR L'ART DE CONSERVER LA SANTÉ

AUX TROUPES DE TERRE.

✸

Je déclare que je regarderai comme contrefaits les exemplaires qui ne porteront pas ma signature.

✸

LYON, IMPRIMERIE DE D.-L. AYNÉ,
rue de l'Archevêché, n. 3.

HYGIÈNE MILITAIRE

ou

TRAITÉ

SUR L'ART DE CONSERVER LA SANTÉ

AUX TROUPES DE TERRE;

PAR LE DOCTEUR BAILLY,

MÉDECIN DE LA FACULTÉ DE MÉDECINE DE PARIS, ANCIEN CHIRURGIEN TITULAIRE
DES ARMÉES ET DES HOPITAUX, AUTEUR DE PLUSIEURS OUVRAGES, etc.

Approuvé par la faculté de Médecine de Paris, le 2 mai 1825.

Je suis fier d'avoir prodigué les secours
de mon art aux braves de l'ancienne armée.

A PARIS,

Chez GABON, LIBRAIRE, PLACE DE L'ÉCOLE DE MÉDECINE.

A LYON,

Chez {
L'AUTEUR, RUE DU PLAT, N° 5.
AYNÉ, LIBRAIRE, PLACE BELLECOUR, N° 22.
MAIRE, LIBRAIRE, GRANDE RUE MERCIÈRE, N° 21.

1832.

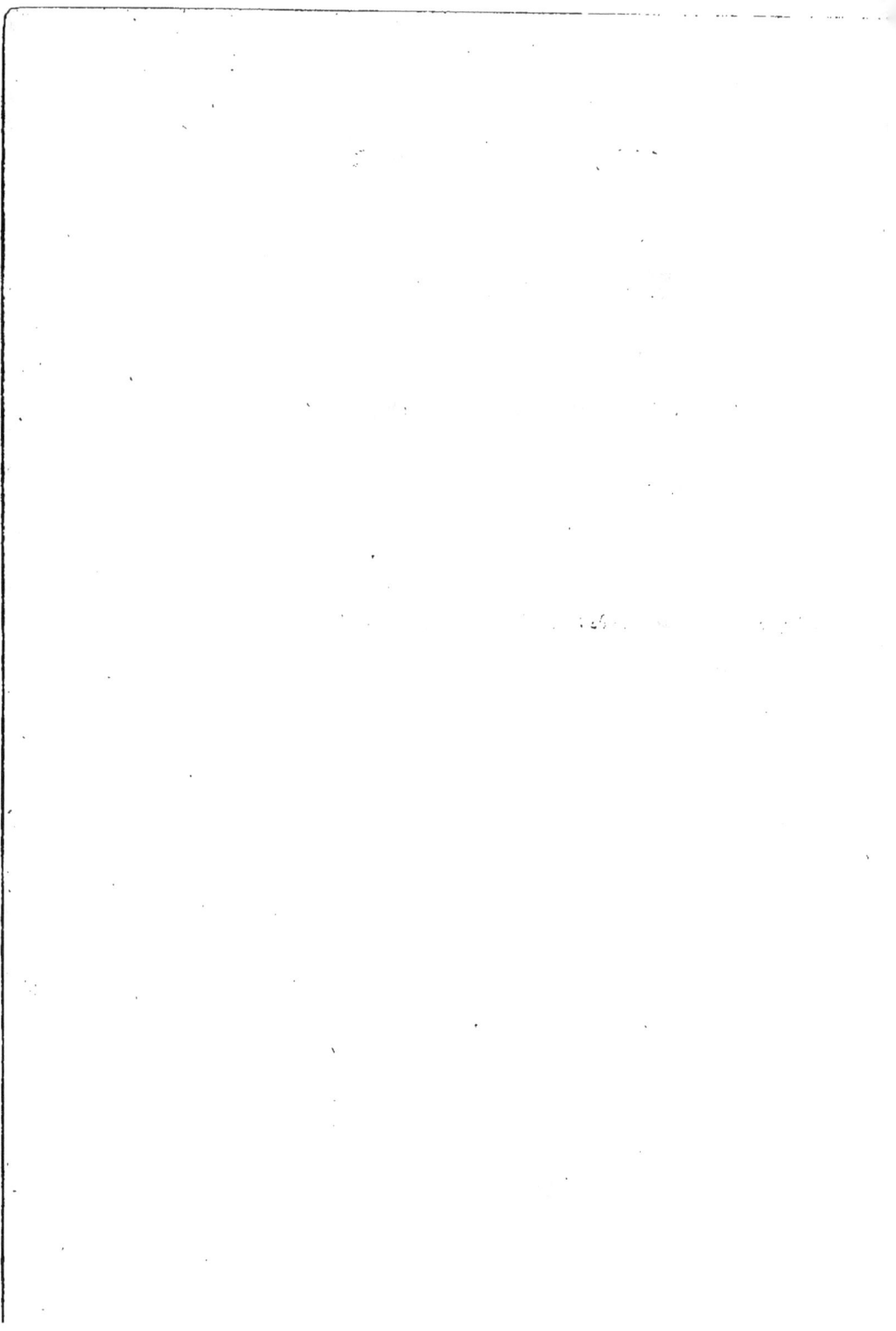

PRÉFACE.

L'OUVRAGE que j'offre au public, n'est qu'un simple essai sur l'Hygiène militaire, il lui paraîtra, je crois, nouveau sous bien des rapports. On me blâmera sans doute de ne pas avoir publié un ouvrage plus étendu sur cette matière. Je répondrai à toutes les objections, en disant que j'écris une simple dissertation et non un ouvrage complet sur l'Hygiène militaire. Des auteurs et professeurs célèbres ont publié des ouvrages sur l'Hygiène en général qui ne laissent presque rien à désirer sur cette partie de la médecine. On croit sans doute que j'ignore les coteries médicales, les partis nombreux qui se divisent, non la science, mais son monopole. J'ai pris mes précautions, à cet égard, dans le seul but d'être utile à l'humanité et pour avoir quelque droit à l'estime de mes compatriotes. Je sais qu'il existe de prétendus médecins qui visi-

VI

tent leurs malades en courant, qui confondent la maladie qu'ils viennent de voir avec celle qu'ils voient; qui mettent une pratique aveugle dans une science à laquelle toute la maturité d'un discernement sain et réfléchi ne peut pas toujours ôter son incertitude et ses dangers. Ils redoublent le mal par leur précipitation à prescrire des remèdes aujourd'hui à la mode!... De la mode jusques dans la médecine!... Cette manie est déjà trop commune en France; Je ne sais... jusqu'à quel point la fureur d'innover poussera les hommes à système; mais ce que je puis assurer, c'est que ce grand changement ne tournera jamais au profit de la science, ni à l'avantage de l'humanité. Je suis persuadé, en parlant ainsi, de me faire l'ennemi irréconciliable du célèbre reformateur de la médecine et de ses zélés partisans; mais l'intérêt général doit l'emporter sur l'intérêt personnel et sur toutes les considérations. Je me crois assez de force d'ame et de caractère pour parler le langage de la vérité et combattre un système qui me paraît trop *exclusif* et qui est presque toujours funeste dans la pratique de la médecine!... Plusieurs médecins de plus grand mérite ont écrit pour réfuter le système du docteur *Broussais*. Ils n'ont point encore réussi à se faire entendre d'une manière victorieuse; l'esprit de parti règne avec plus d'audace que jamais. C'est en vain que la vérité parle, on demeure sourd à sa voix. La doctrine physiologique a beaucoup gagné de prosélytes depuis quelques années, et si c'est encore un effet de la mode, il faut lui rendre grâces!... L'art des innovations qu'on pourrait appeler la pauvreté de la science, me paraît ridicule et très-dangereux. Je ne m'étendrai pas davantage sur ce sujet qui pourrait prêter à rire aux dépens de MM. les réformateurs. Je me bornerai à leur prouver catégoriquement quand ils le voudront, que leur système n'est point assis sur des bases inébranlables, et qu'il peut être combattu avec succès.

Jeune, sentir plus vivement que la plupart des autres hommes, fut mon partage, chérir l'indépendance mon premier besoin, et tout ce qui flattait ce noble sentiment ma première étude: telles étaient mes idées en 1810, époque ou je m'occupais des élémens de la science médicale, dont j'avais embrassé la carrière. Plus de deux années s'écoulent à suivre, avec fruit, les leçons de nos savans professeurs de l'école de Paris; pendant ce temps, je n'ai cessé de méditer à la fois les cours de Clinique de la Charité et de l'Hôtel-Dieu, et c'est en persévérant dans le travail et l'étude que je suis parvenu à détruire les obstacles et les difficultés que l'on rencontre si fréquemment dans la pratique de la médecine. Appelé en 1812 à la grande armée en qualité d'officier de santé; je quitte la Capitale avec enthousiasme et me rend au poste de l'honneur! ... Là s'ouvre encore pour moi une plus vaste carrière et des idées nouvelles, et brûlant du désir d'être utile à ma patrie et à mes frères d'armes, je me transporte partout où il y a du danger et de la gloire à acquérir; plusieurs de nos braves dûrent la conservation de leurs jours, à ma bouillante ardeur, à leur prodiguer, sur le champ de bataille, lés premiers secours de l'art. Avide de mériter et de recueillir les éloges de mes chefs, je ne quittai presque jamais le champ d'honneur que lorsque, épuisé de fatigues et de sommeil, mes camarades me transportaient à l'ambulance la plus voisine du lieu où s'était livré la dernière affaire. J'étais bien jeune alors, et c'est à dater de cette brillante époque de ma vie, que je pris la résolution de publier plus tard un essai sur l'Hygiène militaire; puissai-je, en mettant au jour mes réflexions et mes préceptes, sur l'art de conserver la santé, à une armée entière avoir atteint mon noble but, celui d'être utile à mes compatriotes et à mes frères d'armes!

FIN DE LA PRÉFACE.

INTRODUCTION.

La conservation de la santé des armées intéresse la société entière, car la noble profession des armes a toujours été, surtout en France, en possession des honneurs et des dignités. C'est en effet, de la valeur, du courage et de la vigilance des militaires que dépendent, en tout temps, l'ordre et la sûreté publics.

Dans l'état militaire, on peut compter trois classes d'hommes : celle des généraux, celle des officiers et celle des soldats. Je ne m'occuperai que du simple soldat.

Le militaire est l'enfant de toutes les familles ; il a reçu toutes les sortes d'éducation ; il donne l'exemple de tous les genres de mœurs. Considéré individuellement, il présente toutes les nuances du bien et du mal. Collectivement, c'est l'être de tous les temps ; il est extrême en tout ; il ne veut jamais lire dans l'avenir ; le présent est tout pour lui ; il est d'une incurie complète sur sa conservation future ; il boit tout son vin le même jour ; il brûle tout son bois sans nécessité ; quand il est en son pouvoir, il se couvre de tous ses vêtemens sans considérer la saison et la température. La gloire est son premier mobile : il sait tout souffrir et tout supporter pour elle ; l'esprit de corps dirige sa vie privée ; un régiment entier montre ordinairement le même degré de caractère, de générosité, de cordialité, de susceptibilité, etc.

Le jugement du soldat est sain : on peut le contrarier sans être exposé à son animadversion ; son cœur est ordinairement inaccessible à la haine ; il ne connaît point l'intrigue et les basses jalousies, et quand le malheur l'accable, il ne sait pas s'en plaindre ; il attend avec résignation et fermeté un sort plus prospère ou plus malheureux. Ses occupations et les positions que les circonstances nécessitent, changent sa manière de vivre, de voir et

d'agir. En garnison, ses heures se passent dans une
monotone uniformité; il s'y ennuie souvent; il
agite son imagination par mille idées : les unes sont
produites par l'ambition d'un grade , les autres par
le doux espoir d'un conquête amoureuse ; quelquefois il passe son temps à l'étude , à lire sa théorie ;
il s'occupe des mathématiques, il s'exerce aux armes, etc. Plus souvent encore, quand il a de l'ar-
gent, il boit avec ses camarades. Il aime, en général , le vin , les femmes et la gloire. Sa nourriture y
est la même tous les jours.

Dans les marches ordinaires, tout chez lui est
animé; le changement de lieux , la différence des
pays qu'il parcourt, sont des tableaux variés qui
lui plaisent. Le soir , en soupant avec son hôte , il
conte ses exploits guerriers et ses aventures galan-
tes ; il rassure une mère tendre sur le sort d'un fils
qui, comme lui, a combattu pour son pays. Sa
nourriture est plus abondante , sa santé est presque toujours bonne en voyageant dans une saison
agréable.

Dans le camp, il a des privations en tout genre;
mais ses exercices, ses dangers, ses travaux les lui
font oublier , et il trouve des délices dans la jouis-
sance du strict nécessaire. Là , il sent son utilité ;
là , les soldats ne laissent voir que des hommes.

Les cantonnemens où se trouve le soldat, soit quand la rigueur de la saison lui a fait quitter la tente, soit quand, pour assurer la tranquillité d'un pays, on est forcé de mettre des détachemens dans des villages, sont souvent nuisibles à sa santé et à sa discipline : à sa santé parce que les habitations des paysans sont le plus souvent insalubres, et que la nourriture que le soldat y prend, est mal préparée ; à sa discipline, parce que l'isolement où il se trouve, et les discours qu'il entend, l'éloignent de l'obéissance et de la propreté qu'il était habitué d'avoir.

Je suivrai le militaire dans ces différentes circonstances de sa vie, et je tâcherai de faire connaître les moyens de prévenir une foule de malalies.

On appelle *Hygiène* cette partie de la médecine qui a pour objet la conservation de la santé. Elle apprend à choisir ou à éviter les choses qui, par leur influence, modifient, changent ou altèrent l'organisme animal ; elle détermine la manière dont l'homme doit user de celles qui lui sont nécessaires ; elle indique la direction à donner à ses facultés volontaires , pour améliorer sa constitution et éloigner les maladies.

L'homme de guerre est par son état , celui auquel les règles de cette science peuvent le moins s'appliquer avec efficacité; cependant, il en est qu'on ne doit perdre de vue dans aucune circonstance, et dont on ne doit s'écarter que lorsqu'on y est forcé par une absolue nécessité. Destiné à vivre dans tous les climats, à n'avoir pas d'habitudes, à supporter les fatigues, les veilles, les intempéries, les privations et les contrariétés de toute espèce, il faut que le soldat soit doué d'une force physique et morale, qui le mette à même de résister à toutes ces causes pernicieuses, à l'action desquelles il ne saurait se soustraire, et qui tendent sans cesse à détériorer sa santé.

La réception des recrues exige beaucoup d'attention. Il est donc important de n'admettre dans les armées que des hommes bien constitués. Une taille justement proportionnée, une complexion forte et vigoureuse sont nécessaires à celui qui se destine au métier des armes ; il doit être à la fleur de l'âge; il faut aussi que le guerrier ait contracté dans l'enfance l'habitude du courage et de la vertu, qu'il soit sobre, patient, laborieux, soumis à ses chefs, hardi sans témérité, adroit, soigneux et

avide de mériter des éloges par l'application à tous
ses devoirs. Les hommes sensibles à la louange vont
au devant de ce qui la procure, et supportent avec
joie les fatigues et les dangers ; mais il ne suffira
point qu'il soit intrépide, ardent et vif à entrepren-
dre, s'il se laisse abattre par les revers et les cala-
mités ; une fermeté inébranlable dans les circonstances les plus malheureuses, mettra le comble à
la gloire brillante que lui méritera toujours la pratique des qualités que je viens d'énoncer.

SECTION PREMIÈRE.

HYGIÈNE MILITAIRE RELATIVE AUX CHOSES QUI NOUS ENVIRONNENT. (*Circumfusa.*)

L'AIR atmosphérique contient toujours de l'eau en dissolution Lorsqu'elle est dans un état de dissolution complète, l'air conserve sa transparence ; mais quand elle s'y rencontre en plus grande quantité que l'air n'en peut dissoudre, elle se montre sous la forme de brouillards, de pluie, etc... L'air sec est en général salubre, donne du ton et de l'énergie aux puissances vitales ; mais l'humidité occasione un relâchement et une faiblesse générale qui dispose à plusieurs maladies. L'air humide est bien plus susceptible de se charger de miasmes morbifiques ; aussi la contagion devient plus facile dans les temps pluvieux que lorsque l'air est sec.

Les militaires doivent éviter, autant qu'il est possible, de camper dans les lieux humides et marécageux ; lorsque les circonstances forcent à demeurer dans les endroits aussi malsains, il est nécessaire de faire allumer des feux, de brûler des substances résineuses et aromatiques, de faire couvrir les soldats avec leurs capotes, et de leur distribuer du vin et des liqueurs fortes en petite quantité.

L'air atmosphérique est, comme on le sait, d'une nécessité indispensable à l'entretien de la vie ; outre son usage pour la respiration, l'air agit encore d'une manière sensible sur le corps de l'homme par son poids, par son mouvement et par sa température froide, chaude, sèche ou humide.

Les vents sont l'effet du déplacement de l'air et du mouvement auquel ce fluide obéit ; ceux du Nord sont froids, ceux du Sud sont chauds, ceux d'Est sont secs, ceux d'Ouest sont humides ; ils se chargent dans leurs cours, d'exhalaisons plus ou moins nuisibles, et d'autre part, ils purifient l'atmosphère, en chassant les miasmes qui la corrompent. Il faut éviter leurs qualités pernicieuses et profiter de leurs bons effets.

Un froid modéré donne plus d'énergie aux fonctions vitales ; il rend plus dispos, plus actif, plus vigoureux ; mais s'il devient excessif, son action engourdit les membres et anéantit les fonctions intellectuelles. Le soldat qui, exposé à un froid violent, se livrerait au repos, serait bientôt sollicité

à un sommeil irrésistible qui le ferait périr infail-
liblement. Cependant avec de bons vêtemens, de
l'exercice, une nourriture suffisante et des liqueurs
spiritueuses prises modérément, il pourra supporter un degré de froid très-grand. *Pringle* observe
que, quoique les campagnes d'hiver soient rudes
en apparence, elles se trouvent accompagnées de
fort peu de maladies, si, avec les choses dont nous
venons de parler, on fournit aux troupes des loge-
mens sains et du feu. Il faut bien distinguer le froid
sec du froid humide; le premier, quoique beaucoup plus intense, est bien plus facilement suppor-
table que le second. Il est doué d'une élasticité que
n'a pas l'autre.

Une trop grande chaleur consume le principe
vital, énerve et épuise le corps; les sueurs qu'elle
occasione, outre l'affaiblissement général, déter-
minent la soif, qu'il est souvent difficile d'apaiser,
surtout lorsqu'on est en marche. Les meilleurs
moyens de la prévenir sont des doses fréquentes et
peu considérables de vin et d'eau de vie, unis à
l'eau commune; à défaut de ces liqueurs et dans
un besoin pressant, le soldat pourra avantageuse-
ment tenir, dans sa bouche, une croûte de pain,
quelques feuilles d'une plante acide ou mucilagi-
neuse qu'il connaîtra, telle que l'oseille, la mau-
ve, etc., ou même encore un caillou uni ou une
balle de plomb, qui provoqueront la sécrétion
d'une plus grande quantité de salive, et suspen-

dront, au moins momentanément, ce besoin impérieux. Dans les chaleurs brûlantes de l'été, on fera bien, autant que cela sera possible, de prendre du repos dans le milieu du jour et de vaquer à ses exercices le matin, le soir et même la nuit, si le pays que l'on occupe n'est point alors trop chargé d'humidité.

La sécheresse de l'air, lorsque le froid ou le chaud ne sont pas trop considérables, augmente l'action des organes et les forces de la vie; c'est la raison pour laquelle on supporte mieux un froid sec qu'un froid humide.

Le passage du froid au chaud ne doit pas non plus être trop rapide, surtout si l'on se sent les extrémités engourdies; car alors la congélation est à craindre, et l'on sait que, dans ce cas, le meilleur moyen de prévenir les engelures ou la gangrène, est de ne rétablir la circulation que par degrés, soit en frottant la partie gelée avec de la neige, soit en la plongeant dans l'eau très-froide. Beaucoup de militaires, surtout dans les dernières campagnes, ont été les victimes de la gelée, pour n'avoir pas employé ces moyens et s'être soumis trop promptement à l'action du feu, étant saisis par le froid. On a observé ce triste effet lors de la retraite de *Leipsick*, quoique le froid n'ait pas été très-violent, de jeunes soldats et notamment des gardes d'honneurs qui, élevés dans les villes et peu accoutumés encore aux effets de l'intempérie, restaient sur leurs chevaux, tout transis qu'ils étaient, et se chauffaient aussitôt qu'ils pouvaient approcher d'un feu dans les bivouacs ou les habitations, eurent les pieds ou les doigts des mains entièrement sphacélés, et périrent, pour la plupart, dans les hôpitaux de Mayence.

La lumière exerce la plus grande influence sur l'économie animale; les soldats qui sont obligés de rester long-temps exposés à son action, peuvent contracter des maladies, et surtout des affections sur les organes de la vue. Dans les pays sablonneux et secs, la lumière est réfléchie avec force, et ses rayons sont portés en si grande quantité sur l'œil, qu'il en est ébloui.

Dans les climats froids, la terre, couverte de neige, réfléchit avec force les rayons du soleil, et peut donner lieu à l'ophthalmie et à l'héméralopie; il serait donc essentiel de garantir les yeux des militaires, dans les climats chauds et dans les pays froids, en leur faisant couvrir le visage avec une gaze noire, qui absorberait une partie des rayons de lumière, ainsi que le conseille le savant *Saussure* dans ses voyages.

Il ne serait pas moins avantageux lorsque des troupes sont obligées de traverser des pays chauds et sablonneux, de leur faire couvrir la tête d'une espèce de masque, afin de les garantir des tourbillons de poussière que le vent charrie, et de l'action des vents elle-même : ces derniers sont sur-

tout à redouter dans certains pays, tel que l'Egypte,
où ils sont si violens, qu'ils peuvent donner la
mort lorsqu'on ne se préserve pas de leur action
nuisible. La même précaution pourrait aussi être
employée, dans les pays septentrionaux, non
dans une semblable intention, mais pour défendre
le visage de l'action du froid. Il faudrait, dans ce
cas, que ces masques fussent faits d'une manière
plus chaude, et qu'ils défendissent, non seule-
ment la partie antérieure de la tête, mais encore
qu'ils enveloppassent tout le crâne, et qu'ils recouvrissent les oreilles; on éviterait ainsi, à un grand
nombre d'individus, l'inconvénient d'avoir les
oreilles et le nez gelés; on conserverait encore le
libre exercice des facultés intellectuelles, sur lesquelles le froid porte son action stupéfiante. On a
vu des militaires perdre la mémoire, au point de
ne plus se rappeler des ordres qui venaient de leur
être donnés, à cause de l'intensité du froid auquel
ils étaient soumis.

Les armées se transportent quelquefois dans des
climats très-éloignés, et dont la température est
très-différente. On a vu les armées françaises par-
courir les régions brûlantes de l'Egypte et de la
Syrie; braver le froid des pays septentrionaux; passer successivement des climats glacés de la Pologne,
dans l'Italie et dans l'Espagne, et de ces pays re-
tourner dans le nord de l'Europe; elles ont donc
dû éprouver les effets des changemens de climats.

Les troupes qui passent d'un pays très-chaud dans un climat froid, sont, en général, sujettes à moins de dangers; mais il faut avoir la précaution de donner à chaque soldat un gilet de laine et des guêtres doublées; on doit leur faire faire usage de vin et de liqueurs spiritueuses. Il est à remarquer que les militaires qui passent brusquement d'un climat chaud dans un autre plus froid, sont quelquefois affectés d'une cécité ou goutte sereine plus ou moins complète: on en a eu un exemple frappant, dans le retour des Français, après la campagne d'Egypte: plusieurs de ceux qui n'avaient pas été atteints de l'ophthalmie, devinrent aveugles, et on peut attribuer cet effet à la paralysie de l'organe visuel, déterminé sans doute par le passage subit du climat très-chaud de l'Egypte à celui de la France, dans la saison la plus rigoureuse. (1)

Il serait donc essentiel, pour la santé des militaires, de ne leur faire changer de climat que dans la saison où les deux climats jouiraient d'une température à peu près égale; ou lorsque les circonstances ne permettent pas de suivre ce précepte, il faudrait faire prendre les précautions nécessaires pour prévenir les effets nuisibles de l'extrême différence de température.

---

(1) M. le baron Larrey, *Mémoires de chirurgie militaire et ses campagnes*, page 219.

Lorsque d'un pays froid les troupes sont obligées de se transporter dans des climats très-chauds,
elles deviennent exposées à une foule de maladies
qui se font surtout remarquer dans les premiers
temps de l'arrivée des soldats, il faut se livrer,
avec réserve, à l'usage des boissons spiritueuses ;
on doit défendre aux soldats de sortir après le coucher du soleil, pour éviter le serein et la rosée ;
il faut modérer les exercices, s'abstenir du com-
merce des femmes, faire usage des fruits acides
et des végétaux frais, préférablement aux substances animales ; enfin, prendre le repas avec sobriété,
surtout dans les commencemens du séjour. C'est
avec de tels moyens qu'on peut conserver la santé
au milieu d'un climat très-chaud, et qu'on peut
espérer de ne pas augmenter le nombre des victimes de l'intempérance et de la débauche.

Les habitations des soldats sont les casernes en
temps de paix ; les camps, les casemates pendant
la guerre, et les hôpitaux dans les cas de maladies.

Les casernes doivent être situées sur un terrain
sec, un peu élevé, exposé à un air libre et dans le
voisinage d'une rivière.

Les casernes veulent être exposées à l'Est ; les
bâtimens devraient être très-longs et avoir peu de
largeur, de sorte que chaque chambrée eût au
moins trente pieds carrés ; les fenêtres doivent être
spacieuses et directement opposées, afin de facili-
ter le renouvellement de l'air ; le rez de chaussée

élevé au dessus du sol; les fosses d'aisances doi-
.vent être placées aux extrémités de ces bâtimens,
et les égoûts disposés de manière que les ordures
n'y séjournent pas.

La police que conseille l'Hygiène des casernes
doit être fondée sur les circonstances et sur les
choses particulières à chaque ville, en considérant
les influences atmosphériques (1), les productions,
les usages, les mœurs, etc. ; mais, dans quelque
lieu et dans quelque saison que l'on soit, il faut
veiller à la propreté de l'intérieur et de l'extérieur
des bâtimens; il faut exiger la plus grande propreté dans les chambres; il faut, malgré la rigueur
de la saison, faire ouvrir les croisées le plus long-
temps possible, le matin et le soir; il faut changer
souvent la paille des lits, faire battre et exposer
souvent à l'air les matelas, les traversins et les
couvertures; autant qu'il se pourra, il faut empêcher les amas de légumes dans les chambres où l'on
couche; il faut exposer la viande au déhors des
croisées; on doit défendre de laisser séjourner aucune matière fécale dans les chambres, d'y garder

---

(1) Malgré que la discipline et les réglemens militaires
soient les mêmes, pour le soldat, dans tous les pays, il
se ressent bientôt des habitudes de ses habitans. Le climat
n'influe pas moins sur le génie, les mœurs et le caractère, qu'il n'influe sur la santé et sur la constitution physique.

aucun malade ; par la même raison, on ne doit pas tolérer les oiseaux, les chiens, les singes et les chats, qui se trouvent presque partout avec le soldat. Ces animaux y sont des causes de malpropreté continuelles.

L'économie qui a fait établir des poêles dans les casernes, est peu considérable et nuit extrêmement à la santé du soldat.

On devrait brûler du bois dans les cheminées, s'éclairer avec de la chandelle, et non pas de l'huile qui répand toujours des odeurs fétides ; il ne faut jamais chauffer ces demeures avec de la braise et du charbon. J'ai eu occasion d'observer que plusieurs militaires tombèrent en asphixie, pour s'être endormis imprudemment, dans des appartemens étroits, où ils avaient placé des chaudrons remplis de charbon qui n'était pas entièrement allumé.

On doit défendre aux soldats de laisser leurs fenêtres ouvertes pendant la nuit ; le serein arrête la transpiration, et doit être redouté dans tous les pays.

Il faut empêcher le soldat de fumer dans les chambres et les corridors.

Il importe de ne donner l'entrée des casernes qu'aux vivres et marchandises de bonne qualité et d'une utilité reconnue.

On a vu la variole ou la petite vérole faire des ravages dans un régiment ; il faut donc que le chirurgien-major se fasse instruire si les hommes de

recrue l'ont eue, afin que, dans le cas contraire,
ils soient vaccinés. Les avantages de la vaccine sont
tellement reconnus, qu'elle ne trouve plus aucun
obstacle parmi les bons esprits. L'idée mère et première de la vaccine appartient à un de nos compatriotes, à un Français; et la reconnaissance de
l'univers doit bénir et honorer ensemble le nom de
Rabaut-Pommier uni à celui de *Jenner :* mais elle
existe encore, la maladie dévastatrice, contre laquelle ces deux hommes immortels ont créé une
égide ; l'ignorance, la superstition, la prévention
privent une foule d'individus de ce bienfait précieux, et le médecin contristé a souvent à combattre ce mal funeste qu'on eût pu prévenir.

Dans l'arrondissement de chaque caserne, il faudrait établir des jeux de barre, de ballon, de pau-
me, de boule, etc. ; ces exercices conviennent à
la santé du soldat, et chassent l'ennui qui quelquefois veut s'emparer de lui.

Les casemates sont des galeries souterraines,
formées par des voûtes épaisses recouvertes de terre,
qui sont destinées à abriter les soldats contre les
effets de la bombe ; pendant les siéges, les militaires y sont entassés, ils y sont privés de la lumière,
ils y respirent un air humide et qui se renouvelle
difficilement. De là naissent une foule de maladies.
Pour remédier à ces causes d'insalubrité, il serait
nécessaire d'établir, dans ces lieux souterrains, des

ventilateurs de distance en distance ; il faudrait aussi y dégager du chlore pour sanifier l'air.

Autant qu'il est possible, un camp doit être placé à l'abri des vents d'ouest et du nord , dans les pays froids , et de ceux du sud , dans les pays chauds ; il doit être sur un terrain sec et près d'eaux vives ; presque dans toutes les contrées à l'aspect du levant ; mais ce choix est souvent contrarié par les dispositions de l'ennemi. C'est alors de l'Hygiène que dépend le salut de l'armée ; quand elle est bien employée, le militaire conserve presque partout la santé.

Si un camp est situé sur un terrein humide et dans une température froide , le militaire a à craindre les catarrhes, les diarrhées, les rhumatismes, les affections scorbutiques, les fièvres intermittentes, etc. On peut prévenir ces maladies en allumant des feux dans chaque lieu où doit se trouver la tente, afin de le sécher, et battant le sol pour en empêcher l'humidité, au moins pendant quelque temps. Les sentiers par où l'on passe constamment, étant rarement humides, prouvent en faveur de ce moyen. Il faudra aussi faire des saignées autour du camp pour y attirer les eaux , et des rigoles autour de chaque tente, qui puissent répondre à ces saignées. Le plus sûr moyen cependant, pour prévenir les maladies qui proviennent des lieux bas et humides, serait d'y rester le moins possible.

Un camp placé dans un pays chaud et humide,

a encore à craindre plus généralement les maladies
que je viens d'attribuer au froid humide ; elles y
ont aussi une marche plus rapide. Il est impossi-
ble de résister long-temps dans ces lieux, sans l'u-
sage d'un peu de vin, sans se nourrir de bons alimens tirés surtout du règne végétal, sans les légers acides, tels que l'orange, le citron, l'oseille
et autres végétaux analogues, et sans la plus grande
propreté, etc.

Le serein et l'humidité de la nuit, qui sont
partout nuisibles, sont plus fréquemment cause de
mort dans les contrées chaudes et humides.

Les miasmes les plus dangereux sont ceux qui
proviennent des substances animales en putréfac-
tion ; il faut apporter la plus grande surveillance
à en prévenir les effets nuisibles ; éloigner du camp
les boucheries, les tueries, les fosses d'aisances,
et surtout ne pas oublier d'enterrer les cadavres
hors des limites du camp ; car, si on négligeait
ces précautions, il en résulterait de grands incon-
véniens pour l'armée qui ne tarderait pas à être
affectée de fièvres adynamiques et ataxiques. On de-
vra renouveler la paille des tentes ou des baraques
le plus souvent possible, et faire brûler celle qui
aura servi ; il importe beaucoup de surveiller la
qualité du vin, des eaux de vie et autres liqueurs,
ainsi que celle des fruits, des cervelas, des sau-
cissons, etc., qui entrent, dans les camps, par la
voie des cuisiniers ou des marchands du pays. Il

vaut mieux que le soldat soit réduit à sa ration , dût-il souffrir un peu la faim, que de satisfaire son appétit avec des alimens de mauvaise qualité.

La plus grande propreté doit régner dans les tentes et autour d'elles. Le soldat a besoin aussi de prendre un grand soin de lui-même. Quand la position de l'ennemi l'oblige de passer la nuit habillé, il doit profiter, pendant le jour, d'un moment de sécurité, pour quitter ses vêtemens, se frotter la colonne vertébrale et les articulations, et battre ses habits avant de les reprendre. Avec ces mesures générales et individuelles, on préviendra beaucoup de maladies et on se préservera de la vermine.

Si, malgré ces précautions, des fièvres adynamiques, des dyssenteries, etc., se manifestent, il faudra, sans délai, éloigner les malades. La séquestration est la première et la plus prudente des mesures à prendre dans ce cas.

Les hôpitaux demandent à être situés dans un lieu élevé, éloigné des marais et des eaux stagnantes, près d'une eau courante qui emporte avec elle une foule d'immondices et (en raison du courant d'air qu'elle produit) d'exhalaisons nuisibles ; ils doivent être exposés à l'est. Les salles dans lesquelles les malades sont reçus ne devraient jamais être situées qu'au premier et au second étages ; les rez-de-chaussées devraient être consacrés aux salles de gardes, pharmacies, magasins de médicamens, bureaux d'administration et aux cuisines ; et

on ne devrait y placer des malades que quand le
reste des hôpitaux est entièrement rempli. Les fenêtres doivent être vastes, nombreuses, placées
dans une direction opposée, élevées et ouvertes
jusqu'au plafond, afin que l'air ne frappe pas directement les malades à son entrée. Il est urgent
que les salles soient spacieuses et ne contiennent
qu'un petit nombre de malades ; rien n'est si mal-
sain que l'encombrement des hôpitaux, ainsi que
de placer plusieurs rangs de lits dans une salle, de
faire coucher deux personnes dans un même lit.
L'humanité repousse ces pratiques nuisibles, et il
vaut mieux, lorsque les hôpitaux sont remplis, placer les soldats sous des tentes, que de les entas-
ser dans des salles qui deviennent des foyers con-
tagieux, également pernicieux pour les militaires
et les personnes qui leur donnent des secours.

Il est de la plus grande importance de séparer
les malades de nature différente; et ceux qui sont
attaqués fortement, de ceux qui commencent à se
rétablir ou qui sont convalescens ; il est utile de séparer les malades de nations différentes.

Les hôpitaux ambulans sont indispensables dans
les armées ; ils se composent des employés et d'un
grand nombre de chariots de transport. On place
ordinairement ces hôpitaux dans des églises ; mais
elles sont presque toujours froides et humides :
elles renferment une masse d'air corrompu par la
respiration : cette masse d'air n'ayant d'autre issue

que la porte , ne s'y renouvelle jamais. Les granges sont plus salubres ; les salles et tous les lieux pavés sont plus sains que les lieux non pavés.

Je pourrais m'étendre d'avantage sur ce sujet, si le titre modeste d'essai sur l'Hygiène militaire le permettait.

SECTION DEUXIÈME.

•••••••••••

HYGIÈNE MILITAIRE RELATIVE AUX CHOSES QUI S'APPLI-
QUENT A LA SURFACE DU CORPS. (*Applicata.*)

Tous les auteurs s'accordent à dire que l'habillement militaire doit être simple et sans ornement;
on s'écarte souvent de cette règle; cependant il nous
semble que , si l'on veut apporter du luxe dans la
tenue des troupes , ce luxe devrait paraître plutôt
dans les armes que dans les habits; une belle coif-
fure contribue toutefois à donner au guerrier l'air
imposant qui lui convient. Le casque à la romaine,
vernissé , garni de bandes de cuivre, orné d'un ci-
mier en crin , modifié suivant les différentes armes , et pourvu d'un capuchon qui , en le recou-

vrant dans les mauvais temps, garantirait aussi les
les oreilles, le cou et les épaules, nous paraît de-
voir être généralement adopté, malgré quelques
désavantages qu'il présente.

Le bonnet de police est nécessaire pour la nuit
et hors du service.

Les vêtemens des militaires sont faits avec des
tissus ou avec des peaux. Lorsque l'on se sert de
peaux, il vaux mieux tourner le poil du côté du
corps pour conserver davantage la chaleur.

On emploie le plus souvent les tissus de laine.
Les vêtemens ne doivent pas être trop pesans, car
ils gênent la marche et fatiguent beaucoup; ils demandent quelques modifications suivant les climats. Dans les pays froids, il convient d'avoir des
habillemens faits de matière peu conductrices du
calorique, d'une couleur foncée, parce que les vêtemens colorés sont plus chauds; ils doivent être
plus serrés. Dans les climats chauds et dans les
saisons brûlantes, les vêtemens seront légers, peu
colorés et très-larges; mais dans toutes les circonstances, les vêtemens ne doivent jamais faire éprouver la moindre gêne, ni nuire en aucune manière
à l'agilité et à la promptitude des mouvemens que
les militaires sont dans le cas d'exécuter.

On doit toujours faire attention aux considérations suivantes pour l'habillement des militaires: il
faut qu'ils garantissent de l'influence des corps qui
nous environnent; qu'ils conservent la chaleur à

l'extérieur du corps ; enfin qu'ils facilitent l'action de tous les organes. Les vêtemens doivent être assez chauds pour ne pas exposer le corps à contracter des maladies dans le passage d'une saison à une autre ; ils doivent aussi préserver des changemens brusques de température. Lorsque les soldats sont obligés de s'exposer à la fraîcheur des nuits, dans les pays où pendant le jour la chaleur est très-considérable, il est indispensable de les bien couvrir pendant la nuit.

Si l'on examine en détail l'habillement des militaires, on peut se convaincre qu'il a subi plusieurs réformes avantageuses au maintien de la santé. L'infanterie ne porte plus de chapeaux qui, composés d'une laine grossière, ne couvraient qu'une partie des cheveux, ne garantissaient pas du soleil, de la pluie, ni du coup de sabre. On a adopté les schakos auxquels on a ajouté la visière. Il serait à désirer qu'ils recouvrissent davantage le cou. Quoique la chevelure soit un des plus beaux ornemens de la tête, elle deviendrait souvent embarrassante pour le soldat, par rapport aux précautions qu'il faut prendre pour la conserver et y entretenir la propreté. Maintenant on fait porter les cheveux courts aux militaires, qui ne sont plus exposés aux maladies qui résultaient de la suppression de la transpiration, produite par la poudre et le suif dont ils se couvraient la tête, et qui, mêlés avec la pluie et la sueur, formaient une espèce de glue sur le cuir chevelu.　　　　　　3

Quant à l'habit militaire, il doit recouvrir les cuisses du soldat pour y entretenir plus de chaleur. Les capotes dont sont pourvues les troupes, doivent être d'une ampleur suffisante. La veste à manches est fort utile pour garantir du froid pendant l'hiver; c'est un vêtement léger et commode pour les travaux et les exercices en été. Le pantalon large est aussi fort avantageux. Les militaires ont l'habitude de porter des cravates qui serrent fortement; ils agraffent leurs collets d'habits, qui souvent sont trop étroits; il en résulte la compression du cou, et la gêne de cette partie et de la circulation.

La chaussure des militaires doit être aisée et solide; on a beaucoup allégé l'armement actuel; on a fixé d'une manière plus solide la giberne sur la hanche droite; elle s'y attache par une patte en buffle, percée d'une boutonnière qui s'adapte à un bouton de la taille de l'habit. La baïonnette est pendue à côté de la giberne et renfermée dans un fourreau.

Les militaires ne sont pas ordinairement difficiles pour leur lit; ils sont souvent obligés de coucher sur la dure et en plein air. Il est bon qu'ils y soient accoutumés; mais de quelque nature que soient les plans sur lesquels ils reposent, il faut en surveiller toujours la propreté, et faire en sorte qu'ils soient le plus possible à l'abri de l'humidité. Les réglemens ont pourvu à leurs différentes conditions dans les casernes, et leur exacte observation ne laissera rien à désirer. Lorsque le soldat est logé chez l'habitant, il veillera attentivement à ce que les draps, les fournitures de lit qu'on lui donne soient propres. Si cette qualité manquait, il doit préférer coucher sur la paille neuve et sèche. Souvent, moi-même, lorsque je faisais partie de l'armée, j'aimais mieux, pendant l'été, passer ainsi la nuit enveloppé dans mon manteau, que d'occuper les couches ou les habitations des paysans, dont je redoutais, avec raison, la malpropreté.

En campagne ou lorsqu'on est en marche, il est imprudent, quand on a chaud ou qu'on est fatigué, de se coucher à l'ombre, sur l'herbe mouillée ou sur une terre humide.

Autant que les localités le permettent, on choisit ordinairement, pour bivouaquer, un terrain sec et un peu élevé, bien aéré et à portée d'un bois et d'un ruisseau. La paille, le foin, les branches d'arbres, des genêts ou des bruyères; quelques pierres amoncelées, à défaut d'autres choses, conviennent pour garnir le sol où l'on doit se coucher. On garantit sa tête des vives impressions de l'air, au moyen d'un mouchoir ou d'une portion de vêtement tendu en pavillon. Si l'on séjourne dans le même endroit, alors tous les moyens de précaution, bases de la police sanitaire des camps, sont employés. La propreté est indispensable aux militaires pour la conservation de leur santé; il est très-essentiel qu'ils changent de linge fréquemment, qu'ils se lavent, au moins une fois par jour, les mains et la figure, et qu'ils ne laissent jamais amasser de crasse sur aucune partie du corps.

Les bains sont très-utiles aux militaires; ils doivent les prendre, dans des eaux courantes, sur un lit de sable à l'aspect du levant et éloigné des plantes aquatiques. Il est bon qu'ils s'exercent à la natation, qui augmente les effets salutaires des bains; mais on doit éviter d'en prendre après les repas ou lorsqu'on est en sueur. Ils sont dangereux au moment de la fatigue et de la chaleur; ils sont nuisibles au lever du soleil et long-temps après son coucher; l'heure la plus convenable, pour les bains, est celle qui précède le repas du soir; alors, pris à propos, ils offrent un des meilleurs moyens d'entretenir la santé et de prévenir les maladies inflammatoires.

Les lotions présentent aussi beaucoup d'avantages; elles sont utiles, surtout dans l'hiver, époque à laquelle les soldats ne peuvent se baigner. Les frictions sèches sont très-avantageuses pour entretenir les fonctions de la peau ; elles sont très-convenables dans les pays froids; les soldats doivent avoir soin de se frictionner devant le feu et se couvrir chaudement après.

Le soin des dents ne doit pas être négligé ; les soldats doivent se les nettoyer avec des brosses couvertes d'un peu de charbon pulvérisé, et se laver la bouche avec de l'eau aiguisée de vinaigre.

SECTION TROISIÈME.

....

HYGIÈNE MILITAIRE RELATIVE AUX ALIMENS ET AUX BOISSONS. (*Ingesta.*)

La nourriture des troupes est peu variée et se compose presque toujours des mêmes substances. Les végétaux les plus ordinairement employés sont les pommes de terre, les haricots, les carottes, les navets, etc. Les viandes de bœuf et de mouton sont presque les seules dont on fasse usage.

Le pain de munition est très-salutaire quand il est conforme à l'ordonnance. Il se compose ordinairement de trois parties de froment et d'une partie de seigle, sans extraction de son. On ne saurait trop surveiller la bonne qualité des grains, ainsi

que les proportions du mélange des farines de blé
et de seigle, et la cuisson du pain. Il arrive quelquefois que l'on distribue du pain qui a mauvais
goût, qui est aigre, dont la croûte est très-cuite,
tandis que l'intérieur ne l'est pas suffisamment ; son
usage peut être une cause générale de maladies.

Il est imprudent de manger le pain qui vient de
sortir du four ; il faut attendre qu'il soit tout à fait
refroidi.

Le biscuit est un pain entièrement privé de son
eau par une double cuisson et l'exposition à l'air
sec. C'est un bon aliment lorsqu'il est bien fait et
très-utile en campagne, à cause de la facilité qu'il
offre au soldat de pouvoir s'en charger d'une assez
grande quantité. Le bon biscuit est léger, d'un grain
blanc, uni, serré, se fondant facilement dans la
bouche et présentant un petit intervalle entre les
deux croûtes, qui fait qu'elles se séparent quand
on le brise.

Il est important de faire attention aux animaux
qui servent de nourriture aux soldats, et de s'assurer qu'ils ne sont atteints d'aucune maladie. On
doit chercher à empêcher les soldats de laisser la
viande se corrompre. Pour cet effet, il faut visiter
les chambrées, examiner la viande que l'on met
dans la marmite, s'assurer qu'elle est de bonne
qualité, et la faire exposer à l'air dans des endroits
frais et secs.

Les alimens végétaux sont très-utiles dans les

pays méridionaux et dans les grandes chaleurs. Il est nécessaire de placer les troupes à portée de toutes les productions du jardinage. Lorsqu'elles se livrent à des exercices pénibles, les plantes légumineuses sont préférables aux plantes oléracées qui ne soutiennent pas assez les forces.

Les fruits sont une nourriture saine et agréable lorsqu'ils sont bien mûrs et qu'on n'en abuse pas; mais une trop grande quantité et surtout leur défaut de maturité les rendent très-nuisibles; ils causent alors des diarrhées et disposent souvent à la dyssenterie. Le soldat doit s'abstenir de manger de ceux qu'il ne connaît pas, ainsi que toute autre plante ou racine dont il ignore les propriétés.

L'eau fait une partie essentielle de la boisson des militaires; son choix est d'une très-grande importance, la santé d'une armée en dépend. L'eau potable est fraîche, vive, limpide, inodore et aérée; elle dissout le savon sans former de grumeaux, et cuit bien les légumes; elle s'échauffe et se refroidit promptement. L'eau des rivières ou ruisseaux, qui coule sur un terrein sablonneux, quartzeux, et est en contact avec l'air, est ordinairement salubre. Celle, au contraire, qui traverse la craie, le plâtre, les marbres, ou qui séjourne sur un fonds vaseux, qui tient en dissolution des matières végétales, minérales, bitumineuses, et qui a été retenue dans des cavités souterraines loin de l'atmosphère, est plus ou moins impure.

On reconnaît qu'elle contient des substances
étrangères à sa nature, par sa couleur verte et
jaunâtre, sa saveur fade, terreuse, crue, la diffi-
culté de bouillir, de cuire des légumes, de dissoudre le savon, etc. On se trouve quelquefois dans
l'impossibilité de se procurer de bonne eau; on
peut, lorsqu'elle est mauvaise, employer plusieurs
procédés physiques ou chimiques pour la puri-
fier; mais ces moyens sont rarement praticables à
l'armée. L'addition de l'eau de vie, du vin, du
vinaigre, d'un morceau de pain grillé, ou de char-
bons *rouges*, sont les seuls qu'on puisse mettre en
usage pour diminuer ses mauvaises qualités.

Quand on a chaud, il faut éviter d'avaler une
grande quantité d'eau; il est prudent de se rincer
la bouche et de se tremper les mains dedans avant
de boire.

Le vin et l'eau de vie sont très-convenables aux
militaires; mais leur usage immodéré est très-nui-
sible, et dispose à plusieurs maladies. En effet, ces
boissons prises avec modération, stimulent et for-
tifient les organes; mais, si l'on en prend trop fréquemment et avec excès, elles causent l'ivresse,
qui avilit et dégrade celui qui s'y laisse entraîner,
dénaturent les organes digestifs, attaquent les
nerfs et occasionent des maladies incurables.

•••

SECTION QUATRIÈME.

••••••••

HYGIÈNE MILITAIRE RELATIVE AUX CHOSES QUI DOIVENT
ÊTRE EXCRÉTÉES ET A CELLES QUI DOIVENT ÊTRE
RETENUES. (*Excreta.*)

Il est utile de faire distribuer aux soldats une
certaine quantité de vinaigre, et de leur recom-
mander de le mêler à leur boisson. On ne peut
toujours empêcher les soldats de boire de l'eau
froide quand ils sont en sueur, et cette coutume
enlève une foule de défenseurs à la patrie. Il faut
donc veiller à ce que les troupes ne commettent
pas cette imprudence; on ne doit leur permettre
de boire lorsqu'elles sont en marche, qu'après
s'être rincé la bouche à plusieurs reprises.

L'emploi du tabac, soit qu'on le fume, qu'on le mâche ou qu'on le prise, occasione une sécrétion plus abondante de salive ou de mucus nasal; il établit ainsi une excrétion artificielle, rarement avantageuse et souvent nuisible à la santé.

L'habitude de prendre du tabac peut être nuisible, en ce qu'elle devient un besoin, et que les soldats n'étant pas toujours dans le cas de le satisfaire, peuvent en être incommodés ou devenir, pour eux, une source de privations dangereuses.

La loi de la nature, qui porte l'homme à la reproduction de son semblable, l'entraîne souvent dans les excès les plus dangereux pour sa santé. Bientôt les forces se perdent, s'énervent, l'enthousiasme militaire s'anéantit, et l'on voit périr les hommes les plus précieux de l'espèce, la fleur et l'élite de la population d'un empire. Les militaires ne doivent que rarement se livrer aux plaisirs de l'amour.

SECTION CINQUIÈME.

••••••••••

HYGIÈNE MILITAIRE RELATIVE AUX EXERCICES. (*Gesta.*)

Les militaires sont destinés à supporter des fatigues excessives et à se livrer à des exercices souvent très-pénibles.

Dans les marches, on doit prendre un pas que les troupes puissent suivre, faire halte à propos pour permettre au soldat de se reposer et de vaquer à ses besoins. En été, il est avantageux de se mettre en route de très-grand matin, ou sur le soir, pour éviter l'ardeur d'un soleil brûlant; si pourtant on voyageait dans un pays marécageux ou très-humide, il vaudrait mieux ne partir qu'après le lever du soleil. Afin de n'être point en butte aux

miasmes toujours très-malsains , dont l'atmosphère de ces lieux est chargée pendant la nuit. En
automne et en hiver, il faut, pour faire mettre les
troupes en route, attendre le jour et faire des hal-
tes très-courtes, pour que les hommes échauffés
par la marche ne soient pas tout à coup saisis par
le froid.

Lorsque les troupes cessent d'être en mouvement, il est dangereux de les laisser dans un état
de repos subit et absolu; il survient beaucoup de
maladies, si l'on ne continue pas à occuper les soldats pendant quelques mois. On remarque que les
régimens qui sont envoyés en garnison après la
guerre, fournissent plus de malades dans les premiers mois de repos, que dans toute autre circonstance.

On ne peut trop encourager les jeux gymnastiques
qui donnent au corps de la vigueur, de la souplesse
et de la grâce ; rien ne contribue davantage à l'entretien de la santé, et n'est plus propre à rendre
les soldats capables de supporter les fatigues de la
guerre.

L'escrime, la course, la natation, utile dans
beaucoup de circonstances et trop peu répandue
parmi nous, la danse, etc. , contribueront à l'agré-
ment du soldat et au développement de ses facultés physiques.

Le sommeil est cet état d'inactivité des organes,
des mouvemens volontaires, nécessaire pour en

réparer les forces ; sa durée, chaque nuit, doit être
de six à huit heures, pour entretenir le bon état
des fonctions ; dans les grandes chaleurs de l'été,
lorsqu'on a beaucoup fatigué, on peut en prendre
un peu dans le milieu du jour : son abus engourdit le mouvement et le sentiment, et ralentit l'é-
nergie des facultés du cerveau ; la nuit est le temps
que la nature a assigné pour se livrer au sommeil;
mais le soldat doit se soustraire à l'empire des ha-.
bitudes, et le sommeil est un des besoins auxquels
il doit s'étudier à résister, pour savoir le vaincre
quand les circonstances l'exigeront.

SECTION SIXIÈME.

>‑8‑◄

HYGIÈNE MILITAIRE RELATIVE AUX AFFECTIONS DE L'AME.
(*Percepta.*)

————

Les passions ont la plus grande influence sur le physique et sur le moral de l'homme. Une seule parole, un seul cri, un seul geste, peut inspirer le courage ou l'effroi à une armée entière, et produire les actions les plus éclatantes ou les désastres les plus terribles. L'histoire offre une foule d'exemples à ce sujet.

Toutes les affections tristes jettent le corps dans le relâchement et causent l'altération de la santé.

L'injustice, une trop grande sévérité envers le jeune soldat, peuvent le dégoûter, dès son début, dans la carrière des armes ; elles lui feront sentir plus fortement le regret d'avoir quitté le toit paternel et les objets de ses plus vives affections. Le découragement, l'ennui, la tristesse, s'empareront de lui ; sa santé en sera altérée, son tempérament affaibli ; et bientôt, la nostalgie ou maladie du pays viendra l'accabler.

Mais, si le soldat est satisfait de son état, par le soin qu'on aura pris d'en éloigner le plus possible les désagrémens, il ne sera pas difficile de développer chez lui les passions qui doivent un jour l'animer, comme la soumission à ses chefs, un dévouement sans bornes, l'amour de la gloire, du courage, de l'humanité et de la résignation.

C'est aux chefs militaires qu'il appartient surtout d'entretenir la confiance et l'émulation parmi leurs subordonnés, d'exciter en eux, par de bons exemples et des discours encourageans, les sentimens qui peuvent les déterminer à ne faire que des actions louables, justes et vertueuses ; de fortifier leurs ames par les vertus austères de la bravoure, de la patience et de la sobriété ; de faire naître chez eux l'habitude de se commander à eux mêmes, et la crainte du déshonneur qui leur fera envisager sans effroi les périls et la mort.

Certains moyens conviennent pour entretenir l'enthousiasme militaire ; nous avons vu fréquemment les soldats, dans des marches longues et pénibles, oublier leur fatigue au récit d'une aventure de garnison, ou en écoutant une chanson gaillarde dont chacun repétait le refrain. On n'ignore pas que le son du tambour facilite la marche et relève le pas, et quel excès de courage a souvent provoqué un air martial exécuté, pendant le combat, par une musique militaire. Une distribution d'alimens de vin, d'eau de vie, faite à propos, peut servir à relever du découragement et de la tristesse, et contribuer aux succès d'une armée.

C'est à la sagacité des chefs de mettre à profit les moindres choses et en tirer avantage au besoin.

Je n'en dirai pas davantage sur ce sujet, qui offre d'ailleurs un très-grand intérêt. Il exige beaucoup d'expérience et des connaissances profondes; pour le bien traiter, il faudrait, pour ainsi dire, analyser le cœur de l'homme, pour peindre les passions qui le tourmentent durant tout le cours de sa vie. Ce travail est au dessus de mes forces; j'ai donc dû me borner à quelques considérations générales; heureux, si j'ai pu rencontrer quelques vues utiles à cette classe de la société !

FIN.

www.ingramcontent.com/pod-product-compliance
Lightning Source LLC
Chambersburg PA
CBHW060742280326
41934CB00010B/2321